Das alte Ägypten

Geschichte für Kinder

Das Leben der alten Ägypter,
Ihre Götter, Pharaonen und
Pyramiden kindgerecht und
unterhaltsam entdecken

Peer Galenski

INHALT

Vorwort

Wisst ihr eigentlich, wie Pyramiden aussehen und wo sie zu finden sind? Diese Frage kannst du sicherlich schon beantworten: Na klar, dass sind diese großen, dreieckigen Bauten in der Wüste von Ägypten! Vermutlich hast du auch schon davon gehört, dass sie tausende von Jahren alt sind, man dort mit etwas Glück noch immer eine Mumie finden kann und die Pyramiden heutzutage jedes Jahr von Touristen besucht werden.

Ganz bestimmt kennst du auch Kleopatra. Sie war die wohl schönste und berühmteste Königin Ägyptens. Alle Männer sollen in sie verliebt gewesen sein. Sogar Cäsar! Falls du die Filme mit Asterix und Obelix gesehen hast, kennst du auch die Bilder von Kleopatras Schönheitsritualen, bei denen sie luxuriöse Bäder in Becken gefüllt mit Eselsmilch nahm.

Auch die Hieroglyphen werden dir nicht unbekannt sein. Die Ägypter waren das Volk, das diese geheimnisvoll und magisch aussehenden Schriftzeichen erfand. Nach dem Untergang des alten Ägyptens waren sie vergessen worden. Jahrhundertelang war niemand anderes in der Lage, sie zu entziffern.

Natürlich ist das nicht alles: Das alte Ägypten war eine der größten und mächtigsten Kulturen der Antike. Kein Wunder, dass noch heute viele Menschen von dieser Zeit fasziniert sind. Wir wollen uns auf eine Reise durch diese vergangene Welt begeben und Antworten auf viele Rätsel finden!

Wer waren die alten Ägypter? Wie sah ihr Alltag aus? Wie lebten ihre Könige? Und warum haben ihre Götter auf den Bildern die Köpfe von Tieren? Komm mit in die geheimnisvolle Vergangenheit und werde selbst zum Entdecker!

Die Geschichte des alten Ägyptens

WANN UND WO WAR DAS „ALTE ÄGYPTEN"?

D as Land Ägypten gibt es auch heute noch. Die Geschichte dieses Landes reicht sehr weit in die Vergangenheit zurück, viel weiter, als du dir vielleicht vorstellen kannst, denn sie umfasst insgesamt mehr als 3.000 Jahre. Das ist ein langer Zeitraum, weshalb Historiker die Geschichte in verschiedene Epochen unterteilt haben.

Als eine Epoche bezeichnet man einen Zeitabschnitt, mit dem es den Menschen leichter fällt, sich in der Geschichte zu orientieren. Die Epoche, die das „alte Ägypten" beschreibt, beginnt ungefähr 3.100 v. Chr. und endet 30 v. Chr. In dieser Zeit wurde Ägypten von den Pharaonen regiert.

Natürlich lebten auch davor schon Menschen in Ägypten. Forscher konnten mit Funden und Ausgrabungen beweisen, dass es schon vor ungefähr 5.500 Jahren Menschen gab, die am Nil sesshaft wurden. Über Jahrhunderte waren sie ohne feste Häuser herumgezogen und suchten immer wieder nach Gebieten, die nicht jedes Jahr vom Nil überschwemmt wurden. Schließlich fanden sie Land, wo sie Ackerbau betreiben könnten, Vieh züchteten und feste Häuser bauten. Diese Hütten wurden aus Lehm errichtet und über die Jahre entstanden Dörfer, Städte und schließlich sogar ganze Königreiche. Das alte Ägypten war geboren.

Wobei das auch nicht ganz stimmt. Eigentlich müsste man sagen: Zwei ägyptische Reiche waren geboren, denn zunächst gab es das Königreich

Oberägypten und das Königreich Unterägypten. Wer König in Oberägypten war, also im Niltal, trug die "weiße Krone" und der König Unterägyptens, das sich im Nildelta befand, die "rote Krone". König Menes, der König von Oberägypten war, vereinigte 3.000 v. Chr. die beiden Reiche. Nun gab es nur noch einen Pharao, der das ganze Land regierte. Er trug eine Doppelkrone, die die Herrschaftssymbole von Ober- und Unterägypten vereinte, und Pschent genannt wird.

Allerdings streiten sich Historiker bis heute über die genauen Ereignisse, die zur Einigung führten. Es gibt schon Unklarheiten über den Namen des ersten Königs. In manchen Überresten, die Forscher gefunden haben, taucht der Name König Narmer auf. Auf der sogenannten Narmer-Palette sieht man König Narmer, wie er die Doppelkrone trägt. Vermutlich ist er jedoch identisch mit König Menes. Also lass dich nicht verunsichern, wenn die Namen und genauen Jahreszahlen in anderen Büchern etwas anders sind.

ALTES, MITTLERES UND NEUES REICH: WIE VERÄNDERTE SICH ÄGYPTEN IM LAUF DER ZEIT?

Da das alte ägyptische Reich selbst über mehrere Jahrhunderte existierte, unterteilen Historiker auch diese Zeit noch einmal in verschiedene Epochen. Jede Phase zeigt gewisse Besonderheiten, sodass man sie von den anderen abgrenzen kann. Es gibt immer Forscher, die die genauen Grenzen etwas anders ziehen. So genau kann man das auch gar nicht, da Umbrüche immer langsam und über mehrere Jahrzehnte stattfinden. Es kann also gut sein, dass du unterschiedliche Jahreszahlen findest. Trotzdem hat man sich auch die folgenden Zeitalter im alten Ägypten geeinigt:

Das alte Reich
Das alte Reich beginnt ungefähr um 3 000 v. Chr., als die Könige der dritten Dynastie die Macht ergriffen. Ein anderer Name für das alte Reich ist das „Pyramidenzeitalter". Hier begann man nämlich erst mit dem Bau der Pyramiden. Zuvor hatte es

diese Bauten, die für uns eine der wichtigsten Besonderheiten Ägyptens sind, noch gar nicht gegeben.

In dieser Epoche florierte das Land. Die Ernten waren gut, Ägypten erarbeite sich den Wohlstand, der einem größten Teil der Bevölkerung ein gutes Leben ermöglichte, und es wurde viel gehandelt. Unter diesen Bedingungen konnte sich auch die Kultur entwickeln. Die Kunst und Wissenschaft entfalteten sich und prägten die ägyptische Kultur. Insgesamt dauerte die Zeit des „alten Reiches" über 500 Jahre.

Das mittlere Reich

Nach dieser Epoche folgte das sogenannte „mittlere Reich". In dieser Phase ist vor allem bemerkenswert, dass sich das Land und der ägyptische Kulturraum immer weiter nach Süden ausgedehnt haben. Regiert wurde Ägypten in dieser Periode von den Pharaonen der 11., 12. und der 13. Dynastie. Um 2000 v. Chr. kam mit Amenemhet I. der erste Pharao der 12. Dynastie an die Macht, die eine der berühmtesten und größten der ganzen ägyptischen Geschichte werden sollte.

Auch in dieser Zeit war Ägypten sehr reich. Da es im Inneren des Landes wenig Probleme gab, konnte sich Amenemhet I. auf seine Außenpolitik konzentrieren und Kriege führen. Er eroberte Korosko und brachte einen großen Teil Nubiens unter seine Herrschaft. Er führte aber nicht nur Krieg, sondern pflegte auch friedliche Kontakte mit anderen Völkern, um Ägyptens Einfluss zu steigern. Mit den Phöniziern knüpfte er wichtige Handelsbeziehungen.

Das neue Reich

Nach einer kurzen, aber dunklen „Zwischenepoche", in der verschiedene Völker in Ägypten einfielen und mehrere Landstriche verwüsteten, folgte eine neue Blütezeit mit dem „neuen Reich". Diese Zeit umfasst ungefähr die Zeit von 1550 bis 1070 v. Chr.

Diese Epoche ist sehr bekannt, weil Ägypten damals von einigen der bekanntesten Pharaonen beherrscht wurde. Wir lernen später noch mehr über die Herrscher mit den klangvollen Namen der Königin Hatschepsut, der Königsgattin Nofretete oder den Pharaonen Tutenchamun und Ramses II. Das waren die Pharaonen der 18., 19. und der 20. Dynastie.

In dieser Zeit entstanden viele der bedeutendsten Bauwerke. Außerdem wurde Ägypten schon wieder größer. Die Pharaonen schafften es, ihren Einflussbereich bis weit über die alten Grenzen hinaus auszudehnen.

Die „Spätzeit"

Ihr merkt, dass die Dynastien eine gute Hilfe sind, um die Epochen zu unterteilen. Den größten Einschnitt gibt es nun in der „Spätzeit". Von da an waren nämlich nicht mehr Ägypter, sondern nur noch fremde Herrscher auf dem Pharaonenthron und regierten das Land unter einer Fremdherrschaft. Verschiedene Völker eroberten das Land. Zunächst waren es die Assyrer, die das Land im Krieg eroberten und den König stellten. Danach zogen die Perser in Ägypten ein und machten es zu einem Teil ihres großen Reiches. Ägypten war nun nicht mehr eigenständig, sondern für viele Jahre Teil des sogenannten persischen Reiches. Erst 332 v. Chr. konnten die Perser wieder aus Ägypten vertrieben werden.

Das schafften sie jedoch nicht allein. Der Mann, der die Perser vertrieb, ist dir mit Sicherheit nicht unbekannt. Es war Alexander der Große. Und da dieser selbst den Plan verfolgte, ein großes Weltreich zu erschaffen, wurde Ägypten nun wieder von einem fremden Herrscher regiert und Teil des Alexander-Reiches.

Die Ägypter freuten sich zunächst, dass sie von der Herrschaft der Perser befreit worden waren. Und unter Alexander folgten einige glückliche Jahre für das Land. Alexander gründete auch die Stadt Alexandria, die ein bedeutendes Zentrum der damaligen Welt werden sollte. Als Alexander starb und sein ehemaliger General Ptolemaios 323 v. Chr. die Herrschaft übernahm, entwickelte Alexandria sich zu einem wichtigen Zentrum der Kultur und der Künste. Die Bibliothek, die zu den sieben Weltwundern der Antike zählt, beherbergte einen unglaublichen Wissensschatz mit unzähligen Büchern und Schriften. Leider wurde sie später zerstört. Was für eine Schande! Wenn sie nicht zerstört worden wäre, würden wir heute bestimmt noch viel mehr über die Antike wissen.

DER NIL ALS LEBENSADER

Wenn man an den afrikanischen Kontinent denkt, denkt man oft an Hitze und Sand. Dieses Bild zeigt sich auch, wenn man mit dem Flugzeug über Nordafrika fliegt: Wüste, wohin man auch sieht. Doch wenn man über Ägypten fliegt, ändert sich dieses Bild plötzlich: Auf einmal taucht ein grüner Streifen Land auf, der an der Nordküste beginnt und sich Richtung Süden durch das ganze Land schlängelt. Inmitten des ganzen Grüns entdeckt man eine weitere Farbe: Tiefblau.

Du hast bestimmt schon erraten, dass es sich um den Nil handelt. Er bringt genug Wasser in das Landesinnere, damit um ihn herum statt Wüste ein fruchtbarer Landesabschnitt entsteht, an dem sich die ersten Ägypter angesiedelt haben.

Die Bedeutung des Nils für die Entwicklung des alten Ägyptens kann gar nicht genug betont werden. Es wäre nicht gelogen zu behaupten, dass es ohne den Nil keine Pyramiden, Pharaonen, Hieroglyphen und ägyptische Städte gegeben hätte. Der Nil, der der längste Fluss der Welt ist, ist wortwörtlich die Lebensader Ägyptens.

Weil über 90 % des Landes von Wüste bedeckt sind, entstanden die Siedlungen Ägyptens ausschließlich am Nil und einigen Oasen. Zum einen gab es dort genug Wasser, zum anderen sorgten die jährlichen Überschwemmungen des Flusses dafür, dass das Land von dunklem Schlamm bedeckt wurde, der sehr fruchtbar war und es den Ägyptern ermöglichte, genug Getreide anzubauen. Die Menschen arbeiteten also dort, trafen sich, um sich auszutauschen, wuschen ihre Wäsche in seinem Wasser und verehrten ihn sogar.

In den nächsten Kapiteln wirst du immer wieder bemerken, dass der Nil eine bedeutende Rolle für alle verschiedenen Bereiche im Leben eines

Ägypters hatte. Und sogar der Name des Landes hängt mit dem Nil zusammen. Ägypten wurde damals „Kemet" genannt. Das bedeutet „Schwarzes Land" und hängt mit dem dunklen Nilschlamm zusammen.

Leben im alten Ägypten: Landwirtschaft und Gesellschaft

DIE ARBEIT AUF DEN FELDERN

Diese Flut bestimmte den Rhythmus des ganzen Landes. Beginn eines Jahres war die große Flut. Diese dauerte fast vier Monate lang an. Sobald sich das Wasser zurückzog und der Schlamm den Boden bedeckte, begannen die Bauern mit ihrer Arbeit. Verschiedene Getrei-desorten wie Gerste und Emmer wurden ausgesät und die Felder bestellt.

Nun kam auch das Vieh zum Einsatz. Alle Nutztiere der Ägypter wurden auf die Felder ge-trieben, wo sie die Saat in den Boden eintraten. Es tummelten sich Rinder und Esel, aber auch klei-nere Tiere wie Schweine auf den Äckern. Und nur wenige Wochen später konnte eine reiche Ernte eingefahren werden.

Auf alten Zeichnungen der Ägypter sieht man oft, wie die Männer mit Sicheln auf den Feldern arbeiten, um die Ernte einzufahren. Das Getreide wurde in großen Körben gesammelt. Diese waren so schwer, dass sie von zwei Männern zusammen mit einem Stock getragen werden mussten. Nach-dem die Spreu von den Körnern getrennt worden war, wurde die Ernte in riesigen Kornspeichern gelagert, die extra dafür gebaut worden waren.

Mit dem Getreide konnte genug Brot für alle Ägypter gebacken werden und die Gerste, die zum Bier-Brauen benutzt wurde, war ein weiterer wichtiger Ertrag. Beides zusammen stellte die

Grundnahrungsmittel dar und der Getreideanbau war ihr größter Reichtum.

Nach einiger Zeit schafften es die Ägypter, den Nil noch besser zu nutzen und bauten komplizierte Bewässerungssysteme, mit denen sie das Nilwasser sogar noch weiterleiten und besser kontrollieren konnten. Es wurden Kanäle gegraben, die das Land durchzogen und Wasser zu unfruchtbaren Feldern brachten. Die Ägypter waren sehr klug und erfanden verschiedene Schöpfgeräte, die ihnen dabei halfen, Wasser in Eimer zu füllen. Noch heute benutzen einfache Bauern in Ägypten Geräte, die diesen sehr ähnlich sind.

DER ÄGYPTISCHE KALENDER

Zeit hatte für die alten Ägypter eine andere Bedeutung als für uns moderne Menschen. Kein Wunder also, dass auch ihr Kalender ganz anders funktionierte. Zu Hilfe kamen ihnen bei der Erfindung ihres Kalenders vor allem zwei Dinge: Zum einen ihre ausgezeichnete Beobachtungsgabe, zum anderen der Mond.

Der Mondkalender

Ganz zu Beginn der altägyptischen Dynastien orientierten sich die Menschen vor allem an dem Mond. Sie zählten die Tage von einem Vollmond zum nächsten, was immer 29 bis 30 Tage ergab. Somit hatten sie einen Monat eingeteilt; also fast wie heute. Ganz richtig war der Kalender allerdings nicht, da ihr Jahr nach dieser Rechnung nicht 365 Tage dauerte, sondern nur 360. Aber auch dafür hatten die Ägypter eine Lösung. Sie zählten einfach zur Mitte des Jahres fünf weitere Tage dazu und schon hatten sie die richtige Zahl an Tagen für ein Jahr. Ganz schön clever!

Das Sonnenjahr

Das war aber nicht der einzige Kalender. Die Ägypter richteten sich außerdem nach dem Sonnenjahr und den verschiedenen Jahreszeiten. Und eine regelmäßige Beobachtungshilfe boten die jährlichen Überschwemmungen des Nils. Der Fluss war also auch noch wichtig für die Zeitrechnung der Ägypter und es entstand eine weitere Variante des Kalenders.

Da die Nilüberschwemmungen in drei Phasen unterteilt werden konnten, wurden darauf die drei ägyptischen Jahreszeiten. Die erste hieß Achet, was „Überschwemmung" bedeutete. Darauf folgte Peret, was sich mit „Herauskommen" übersetzten lässt. Damit meinte man die Ernte, die zu wachsen begann. Am Ende des Jahres folgte Schemu, die „Hitze". Ein typisches ägyptisches Datum war zum Beispiel „9. Tag des 4. Monats der Hitzezeit". Bei diesem Kalender wurden die fünf zusätzlichen Tage nicht in die Mitte, sondern an das Ende des Jahres angehängt. Somit war auch dieser Kalender wieder richtig.

WELCHE BERUFE HATTEN DIE ALTEN ÄGYPTER?

Eine Hochkultur und seine Gesellschaft
Zusammengefasst kann man festhalten, dass die Ägypter dank des Nils Wohlstand entwickelt hatten. Um sich auf die Überschwemmungen vorzubereiten, erfanden sie einen Kalender und organisierten sich. Daraus bildete sich eine feste

Ordnung, wie die Gesellschaft aufgebaut war und wer herrschte. Um das alles noch besser zu organisieren, entwickelten sie eine Schrift. All diese Merkmale führen dazu, dass man das alte Ägypten als eine Hochkultur bezeichnet.

Um sich den Aufbau der Gesellschaft besser vorzustellen, haben Wissenschaftler eine Gesellschaftspyramide entworfen. Je höher ein Beruf gestellt war, desto weiter oben befindet er sich in dieser Pyramide. In diesem Kapitel lernen wir die verschiedenen Gruppen und ihre Aufgaben kennen.

Berufe und Aufgaben

Die Bauern:

Eine große Anzahl der ägyptischen Bevölkerung waren die Bauern. Sie arbeiteten das ganze Jahr über hart und mussten ihre Steuern in Form von Naturalien abgeben. Das Getreide, das sie als Steuer bezahlten, wurde in riesige Getreidespeicher gebracht und dort gelagert. Viel blieb meistens nicht für die Bauern selbst übrig. Insgesamt war ihr Leben eine eintönige Angelegenheit, es gab zu fast jeder Zeit etwas auf den Feldern zu tun, außer in der Flutzeit. Aber es blieb keine Zeit für Urlaub. In der Flutzeit wurden sie in der Regel zu den vielen Bauplätzen des Pharaos gerufen und mussten dort weitere Arbeiten leisten. Aber trotz allem gab es auch für die fleißigen Bauern Abwechslung: Das ganze Jahr über gab es religiöse Feste und Feiern, an denen auch sie teilnahmen.

Die Handwerker:
Die Handwerker waren eine angesehene Berufsgruppe und arbeiteten meist unter dem Pharao oder einem Lehnsherrn. Man kann sie in verschiedene Gruppen unterteilen. Es gab Handwerker mit großem künstlerischem Geschick. Sie arbeiteten als Maler, Zeichner und Bildhauer. Eine weitere Gruppe waren die Handwerker, die körperlich anstrengendere und gröbere Arbeiten verrichteten. Das waren Maurer, Zimmerleute, Steinmetze und andere Arbeiter auf den Baustellen. Manche Handwerker arbeiteten zu Hause, andere wiederum phasenweise auf den Pyramidenbauplätzen.

Für diese Zeit lebten sie dann auch direkt in der Nähe der Baustelle in kleinen Dörfern, bevor sie wieder nach Hause zurückkehrten.

Beamte, Ärzte und Priester:
Etwas höher gestellt waren Beamte am Hof des Königs und anderen Berufe wie Ärzte oder Priester, die weniger körperliche Arbeiten ausübten und eine höhere Bildung besaßen. Die Beamten waren sehr wichtig, da sie beispielsweise das Land vermaßen und die Steuern überwachten. Priester waren meist gleichzeitig Ärzte und genossen hohes Ansehen. Es gab auch noch einige wichtige Berufe, die heute etwas verrückt erscheinen: Die Einbalsamierer waren sehr wichtig, denn jeder Ägypter, der genug Geld hatte, ließ sich nach seinem Tod zur Mumie einbalsamieren. Damit sollte das Leben im Jenseits gewährleistet werden. Aber dazu kommen wir später.

Die Schreiber:
Es gab viele verschiedene Stufen von Beamten, aber ein Beruf stach noch einmal deutlich heraus:

der Schreiber. Im alten Ägypten konnten nur wenige Menschen lesen und schreiben. Es war aber gleichzeitig sehr wichtig, um alles richtig organisieren zu können. Wenn man als Schreiber arbeitete, war einem das Ansehen bei den anderen Ägyptern sicher.

Der Wesir:
Klar, der Pharao regierte eigentlich das Land. Aber nicht einmal er konnte all die Aufgaben bewältigen, die dieses Amt mit sich brachte. Deswegen brauchte er einen Stellvertreter, den Wesir. Das war das zweitwichtigste Amt im ganzen Reich. Außer dem Pharao war keiner so mächtig wie er. Beim Wesir liefen alle Fäden der Reichsverwaltung zusammen und er hatte eine Vielzahl an Ausgaben: Er verwaltete den Palast, die Staatskasse, ernannte Richter und Schreiber. Zunächst wurde immer ein Sohn des Pharaos als Wesir bestimmt. Später wählte man den Wesir unter den Beamten, die sich besonders durch gute Arbeit ausgezeichnet hatten. Im neuen Reich gab es dann auch zwei Wesire, einen Wesir für Oberägypten und einen

Wesir für Unterägypten. Der Grund dafür war, dass Verwaltungsaufgaben zu diesem Zeitpunkt so umfangreich geworden waren, dass es unmöglich wurde, all diese Aufgaben allein zu bewältigen.

Der Pharao:

An oberster Stelle stand schließlich der Pharao. Er hatte als politischer und religiöser Führer die alleinige Entscheidungsgewalt über alles, was im Reich passierte. Natürlich ließ er sich von Beratern unterstützen. Aber letztendlich war er es, der die Gesetze erließ, über Krieg und Frieden entschied und der oberste Richter war. Für die Ägypter war er nicht nur König, sondern gleichzeitig auch ein Gott und hatte das Amt des Hohepriesters inne. Man kannte den Pharao auch als „Sohn des Re".

Exkurs: Wer waren die bekanntesten Pharaonen?

• Tutenchamun – der kleinste und bekannteste Pharao

Tutenchamun hatte geschafft, wovon wohl viele Kinder träumen: einmal König zu sein. Er wurde schon mit neun Jahren zum Pharao und regierte als Kind dieses riesige Reich. Allerdings hört sich das viel toller an, als es in Wirklichkeit war. Eigentlich hatte der junge Pharao nicht viel zu sagen. Stattdessen übten Berater, hohe Beamte, Priester und Generäle die Macht aus. Er starb bereits mit 18 Jahren.

Warum? Das ist bis heute ein großes Rätsel. Ob es nur ein Unfall war oder er umgebracht wurde? Die Mumie wurde 1992 von dem britischen Forscher Howard Charter gefunden, der die Grabkammer öffnete. Der beeindruckendste Fund unter all den Schätzen war die Totenmaske des Königs. Sein Gesicht war mit dieser bedeckt. Mehr als 11 Kilogramm reines Gold wurden dafür verwendet. Zu sehen ist diese unfassbar wertvolle Maske heute in einem Museum in Kairo.

- Ramses II. – der große Baumeister

Ramses II. ist uns heute vor allem bekannt, da unter seiner Herrschaft die meisten und eindrucksvollsten Gebäude errichtet wurden. Er lernte von Kindesbeinen an, was es bedeutete, Pharao zu sein und wurde von seinem Vater genau auf seine Rolle vorbereitet.

Er muss wohl sehr selbstbewusst, eitel und vielleicht etwas größenwahnsinnig gewesen sein. Er ließ riesige Statuen von sich errichten. Auch der Felsentempel Abu Simbel, den er direkt in den Fels hauen ließ, zählt zu den prachtvollsten Bauten der Ägypter.

Dies war möglich, da er zum einen sehr lange herrschte – die Lebensspanne der Menschen damals war insgesamt viel kürzer als heute – und Ägypten sich zum ersten Mal seit langer Zeit in keinem Krieg befand. Er war nämlich auch derjenige, der den ersten Friedensvertrag der Welt schloss.

- Hatschepsut – die erste Dame

Pharao zu sein – das war eigentlich eine reine Männerangelegenheit, bis Hatschepsut an die Macht kam. Sie war vielleicht die mächtigste Frau, die es jemals im alten Ägypten gegeben hat. Als ihr Mann, Pharao Thutmosis II. starb, war der gemeinsame Sohn Thutmosis III. noch zu jung, um die Herrschaft zu übernehmen. So wurde sie Regentin und sie stand zwei Jahrzehnte lang an der Spitze Ägyptens. Irgendwann am Anfang dieser Regentschaft fasste sie einen ungeheuerlichen Plan: Sie würde sich selbst zum Pharao machen. Damit wurde sie die erste Pharaonin, die es jemals in Ägypten gegeben hatte. Unter ihrer Herrschaft blühte Ägypten auf. Sie hinterließ ihren Nachkommen ein geeintes, wohlhabendes und blühendes Land.

• Kleopatra – die letzte Pharaonin
Macht, Intelligenz, Schönheit und Verführung – dies sollen die Talente der bewunderten Kleopatra gewesen sein, die alles dafür tat, ihr Land vor dem Untergang zu bewahren. Umsonst! Sie herrschte im ersten Jahrhundert über Ägypten. Am Ende

musste sie mitansehen, wie ihr Reich seine Unabhängigkeit verlor und zur Kolonie des Römischen Reiches wurde. Sowohl mit Caesar als auch mit Marcus Antonius soll sie wohl ein Verhältnis gehabt haben. Aus ihrer Liebschaft mir Caesar ging sogar ein gemeinsamer Sohn hervor.

Alltag

DAS FAMILIENLEBEN

Im alten Ägypten lebten die Menschen in Großfamilien, die nicht nur aus den Eltern und Kindern bestanden, sondern auch mehrere Generationen umfassten, zusammen unter einem Dach. Obwohl die Lebenserwartung nicht so hoch war, kam man schnell auf eine große Zahl an Familienmitgliedern, da die Ehen sehr früh geschlossen wurden. Die Frauen heirateten durchschnittlich mit 12 bis 14 Jahren.

Die Männer waren etwas älter. Als Familienoberhaupt regelten sie die meisten Angelegenheiten für die Familie in der Öffentlichkeit.

Außerdem waren sie tagsüber außer Haus, um ihren Berufen nachzugehen und genug Geld zu verdienen, um die ganze Familie zu versorgen.

Die Mutter und Ehefrau blieb zu Hause, versorgte die Familie und organisierte den Haushalt, was ihr großes Ansehen brachte. Die Ägypter schätzten die Herrin des Hauses, die sie „nebet per" nannten. Sie musste ihrem Mann zwar gehorchen, aber trotzdem hatte sie mehr Freiheiten als in anderen Ländern zu dieser Zeit. Eine Frau durfte selbstständig mit verschiedenen Waren handeln. Sie konnte zwar kein öffentliches Amt bekleiden, wie zum Beispiel Schreiber oder Beamter, aber es gab wichtige Berufe für Frauen mit guter Schulbildung. Dazu zählten Priesterinnen und Ärztinnen. Bei wichtigen Gründen konnten sich sogar beide Ehepartner scheiden lassen. Dies war später über viele Jahrhunderte nicht mehr möglich.

Die Kinder waren mehr noch als heute wichtig für die Zukunft der Eltern, da sie in späteren Jahren ihre Altersvorsorge darstellten. Richtige Versicherungen gab es damals noch nicht, weshalb die Kinder für das Wohlergehen der Eltern im Alter verantwortlich waren. Da die Ägypter sehr religiös waren und der Totenkult in ihrer Religion eine wichtige Rolle spielte, war es auch wichtig, Nachkommen zu haben, die alle nötigen Rituale aufrechterhalten würden, die nötig waren, um ein Leben im Jenseits zu gewährleisten.

Nach der Geburt gab man dem neuen Familienmitglied sofort einen Namen. Da Namen damals eine große Bedeutung beigemessen wurde, wählten die Eltern oftmals Namen von Göttinnen, Göttern und Pharaonen. In jungen Jahren spielten die Kinder genauso gern wie du heute. Sie hatten Spielzeuge, wie etwa aus Holz geschnitzte Tiere, Puppen oder einfache Brettspiele. Sie tanzen, rannten, turnten oder badeten, wann immer sie Zeit hatten. Aber schon im Alter von fünf Jahren begann der Ernst des Lebens. Die Mädchen mussten Pflichten im Haushalt erfüllen, während die Jungen bereits ihren Vätern halfen, um deren Beruf zu erlernen. Wenn es jüngere Geschwister gab, musste man auf diese aufpassen. Und dann gab es ja auch noch die Schule …

SCHULE WIE HEUTE?

Schon damals mussten die Kinder in die Schule gehen – zumindest, wenn sie aus wohlhabenden Familien stammten. Eine allgemeine Schulpflicht wie heute gab es nicht. Aber wer reiche Eltern hatte, sollte einen guten Beruf erlernen können. Da du inzwischen weißt, dass Schreiber beispielsweise sehr angesehen waren, kannst du dir wohl zusammenreimen, dass diese Arbeit nicht ohne eine gute Schulbildung möglich war. Wenn dein Vater ein Bauer oder Handwerker gewesen wäre, hätte er dir zu Hause alles Wichtige beigebracht, was du über deinen zukünftigen Beruf wissen müsstest.

Und der vielleicht größte Unterschied zu heute: Mädchen gingen überhaupt nicht zur Schule. Damals glaubte man, dass Mädchen nur Fertigkeiten wie zu kochen, zu putzen und zu musizieren erlernen und den Haushalt organisieren mussten. Das sollte ihnen helfen, eine gute Ehefrau zu sein.

Was lernte man in der Schule?

Der Unterricht war damals nicht leicht. Es gab verschiedene Fächer wie Lesen, Schreiben, Rechnen und verschiedene Wissenschaften. Die Grundlagen lernte man beim Schreiben mit Tinte auf Kalk, Holz oder Tonplatten. Das Rechnen beinhaltete komplizierte Aufgaben zur Addition, Subtraktion und so weiter. In späteren Schuljahren kamen weitere Fächer wie Geometrie und Astronomie hinzu.

Wie sah ein Klassenzimmer aus?

Tische oder Stühle gab es in einem Klassenzimmer nicht, denn die Kinder saßen alle im Schneidersitz auf dem Boden! Damit es nicht so unbequem war, wurden Matten ausgelegt. Der Lehrer stand vorn und beaufsichtigte die Kinder. Manchmal las er laut aus Schriften vor, die die Kinder wiederholten. Und wenn sie nicht fleißig genug waren, wurde ihnen sogar mit einem Stock auf die Sprünge geholfen. Mit Faulheit konnten die Ägypter nichts anfangen; Disziplin und Pflichtbewusstsein standen an oberster Stelle.

DAS HAUS DER FAMILIE

Das Familienleben spielte sich vor allem im Haus ab, das je nach Wohlstand der Familie sehr luxuriös oder sehr einfach gebaut und eingerichtet war. Die meisten Ägypter waren Bauern und führten deshalb ein einfaches Leben. Ihre Häuser waren einfach und hatten eine rechteckige Form. Sie waren mit Ziegeln aus Nilschlamm gebaut und anschließend mit weißer Farbe bemalt. Dies half, das Haus vor der Hitze und der stechenden Sonne zu schützen.

Die meisten Häuser der einfachen Bevölkerung hatten nicht mehr als drei Räume. Es gab einen Eingangsbereich, einen Aufenthaltsraum, der genauso den Wohnraum als auch eine Werkstatt beinhalten konnte, und eine Küche. Viele Häuser hatten auch einen kleinen Innenhof, damit sich die Familie auch im Freien aufhalten konnte.

Dementsprechend waren die Häuser auch einfach eingerichtet: Es gab nicht viele Möbel. Geschlafen wurde nicht auf Betten, sondern Strohmatten. Außerdem gab es einfache Gegenstände wie Krüge,

Körbe und verschiedenes Geschirr. Der Herd in der Küche war oftmals nur eine Steinplatte. Manche Quellen behaupten, dass die alten Ägypter in diesen Hütten sogar zusammen mit ihrem Vieh gewohnt haben.

Die Häuser der vornehmen Beamten und reichen Familien sahen natürlich ganz anders aus. Es gab viel mehr Zimmer, so etwa verschiedene Vorhallen, Aufenthaltsräume, Gemeinschaftsräume und verschiedene Schlafzimmer. Außerdem wurde Wert auf einen schönen Garten gelegt, in dem es Wasserbecken, verschiedene Bäume, Palmen und wunderschöne Blumen gab. Sehr reiche Ägypter konnten sich sogar Dienstboten leisten, für die es eigene Kammern gab. Außerdem gab es – im Gegensatz zu den Hütten der ärmeren Bevölkerung – ein Badezimmer. Da die Häuser im alten Ägypten insgesamt nicht so üppig eingerichtet waren wie heute, gab es auch in den größeren Häusern nicht viele Möbel. Diese waren aber viel luxuriöser als die der Bauern.

DIE KÜCHE DER ÄGYPTER

Leider haben uns die alten Ägypter keine Rezepte hinterlassen, weshalb wir nur aus Wandmalereien erschließen können, welche Zutaten sie verwendeten und wie sie sie zubereiteten. Außerdem kann man noch heute Überreste von Grabbeilagen finden, unter denen es auch Lebensmittel gibt. Der Wüstensand und das heiße, trockene Klima haben erstaunlich gut dazu beigetragen, Lebensmittel der Ägypter zu erhalten.

Von diesen Funden wissen wir, dass die Ägypter täglich Brot und Bier zu sich nahmen. Das klingt logisch, da wir wissen, wie wichtig die Landwirtschaft am Nil und wie reich die Ernten waren. Um das Brot herzustellen, zermahlte man das Getreide zwischen Steinen und siebte das Mehl, um es feiner zu machen. Das klappte leider nicht immer sehr gut, sodass in den Broten oftmals noch Körner oder Steinchen waren. Kein Wunder, dass die Zähne der Menschen damals sehr schlecht waren. Dieses Mehl knetete man mit Wasser und

Salz zu einem Teig, der über einem Feuer, in einem Ofen oder direkt in der Asche gebacken wurde.

Umso wohlhabender man war, desto reichhaltiger konnte man seine Mahlzeiten zubereiten. Dann gab man zusätzliche Zutaten wie Milch, Eier und Hefe zum Teig hinzu. Wer es aromatischer mochte, würzte das Brot mit verschiedenen Gewürzen. Und für süßes Brot verwendete man Früchte – vorzugsweise Datteln und Feigen – und kostbaren Bienenhonig.

Die Ägypter liebten Gemüse und Obst. Sie hatten kleine Zwiebeln, Knoblauch, Gurken, Trauben, Äpfel und Oliven. Außerdem aßen sie viele Nüsse.

Wer dann noch nicht genug hatte, aß Fleisch und Fisch als Beilage. Sie züchteten und schlachteten das Vieh meistens selbst. Am meisten aßen sie Geflügel wie Tauben, Gänse und Enten. Hühner kannten sie damals noch nicht. Manchmal wurden aber auch wilde Tiere gejagt. Es gibt immer noch Zeichnungen von Jägern, die durch die Wüste ziehen, um Antilopen zu jagen. Der Fisch stammte aus dem Nil. Um die Zutaten länger haltbar zu machen, wurde sie oft getrocknet und gepökelt.

All diese Grundzutaten wurden nicht nur zu Broten, sondern auch Suppen, Pfannkuchen oder sogar Keksen verarbeitet.

KLEIDUNG UND FRISUREN

Da es in Ägypten das ganze Jahr über sehr heiß war, waren die Menschen eher spärlich bekleidet und trugen leichte Gewänder. Meistens wurde Leinen oder Flachs verwendet, aber es gab auch Kleidung aus Wolle oder verschiedenen Gräsern wie Schilf oder Hanf. Die Gewänder hatten helle, natürliche Farben. Die einfache Bevölkerung trug meist hellbraune Kleidung. Sehr reiche Familien konnten sich auch Stoffe in reinem Weiß leisten.

Dafür war der Schmuck umso farbenfroher. Umso wohlhabender man war, desto edler wurden Tücher und Verzierungen. Die Frauen liebten es, Perlen an ihren Gewändern zu tragen. Auch Gürtel und Bänder wurden aus bunten Stoffen gefertigt. Man leistete sich auch edle Sandalen aus Leder. Könige trugen sogar welche aus Gold.

Etwas ganz Besonderes war auch die Vorliebe der Ägypter für Perücken, die sie außer Haus trugen. Auch Männer trugen sie. Du wirst es nicht glauben, aber eine Zeit lang waren bei Männern kahl geschorene Köpfe mit langen Locken an den Seiten der letzte Schrei. Es gab Perücken mit langen Locken, Zöpfen oder auch komplizierteren Frisuren. Am allerliebsten sogar in blond. Zur Herstellung verwendete man Menschenhaar, Tierhaar und verschiedene Pflanzen. Damit die Frisuren auch hielten, diente Bienenwachs als eine Art Haargel.

Arme Menschen trugen weniger Stoff. Damals schämte man sich nicht, unbedeckt zu sein. Oftmals trugen sie nur einen Lendenschurz. Hierbei wickelte man sich ein langes Stück Stoff um die Hüften und verknotete die Enden an der Vorderseite. Auch an den Füßen trugen sie nichts und gingen meistens barfuß.

WELCHE FESTE FEIERTEN DIE ÄGYPTER?

Schon damals wurde gern gefeiert. Die öffentlichen Feste zogen immer wieder viele Menschen an. Oft waren religiöse Anlässe der Grund für die großen Feiern. Dies sind einige davon:

• Sed-Fest

Das Sed-Fest war ein Jubiläumsfest des Pharaos. Man feierte die 30-jährige Herrschaft eines Königs. Da 30 Jahre eine lange Zeit sind und die Ägypter nicht so alt wurden wie die Menschen heute, war der Pharao also schon ein Opa. Mit Zeremonien und magischen Ritualen versuchte man deshalb, die Lebenskraft und Energie des Pharaos zu erneuern. Ob das wohl geklappt hat?

• Opet-Fest

Das Opet-Fest wurde jedes Jahr in der Stadt Theben gefeiert. Es dauerte ganze 27 Tage lang und war eines der bedeutendsten Feste. Zeitpunkt war immer die Nilüberschwemmung. Es gab prächtige Zeremonien und Umzüge. Später erbaute man nur für dieses fest einen eigenen Tempel. Ganz schön viel Aufwand für eine Party ...

• Min-Fest

Das Min-Fest wurde in ganz Ägypten zu Ehren des Fruchtbarkeits- und Urgottes Min begangen. Es war ein bisschen wie ein Erntedankfest, bei dem man den Göttern für die reichen Ernten dankte und sie gnädig stimmen wollte, um das Land weiterhin zu befruchten. Deswegen fand das Fest auch jedes Jahr zur Erntezeit statt.

MACHTEN DIE ÄGYPTER SPORT?

Natürlich brauchten auch die Menschen im alten Ägypten Abwechslung und Freizeit von der Arbeit auf den Feldern, dem Bau der Pyramiden und so weiter. Und sie machten das Gleiche, wie du ein deine Freunde vermutlich auch: Sport! Es gab zwar keine so großen Wettkämpfe wie die Griechen sie später mit den Olympischen Spielen praktiziert haben, aber viele Sportarten, die wir noch heute kennen, sind auf die alten Ägypter zurückzuführen.

Eine der Lieblingssportarten war das Ringen. Schon in jungen Jahren übten die Jungen verschiedene Techniken und balgten sich auf dem Boden. Für Erwachsene gab es dann richtige Wettkämpfe. Aber auch Bogenschießen oder Speerwerfen waren beliebt. Das hatte auch einen praktischen Aspekt: Wenn man auf die Jagd ging, war es natürlich sehr hilfreich, wenn man mit diesen Waffen auch gut umgehen konnte. Außerdem liebten es die Ägypter, sich im Gewichte heben zu messen, zu schwimmen und zu reiten.

Auch verschiedene Ballspiele wurden häufig und in verschiedenen Varianten praktiziert. Es gab zum Beispiel ein Spiel mit einer Kugel, die damals ungefähr so groß wie ein Tennisball war. Auf Zeichnungen sind jedoch nur Mädchen zu erkennen, die mit einem Ball spielen. Man vermutet heute, dass es sich dabei wohl um eine Mischung aus Tanz, Ballspiel und religiösen Ritualen gehandelt haben muss. Auf anderen Zeichnungen werfen sich die Mädchen die Bälle auch gegenseitig zu oder jonglieren damit. So ein Ball bestand damals aus weißem Leder und wurde mit klein geschnittenem Schilf und Stroh gefüllt. In einigen Museen kannst du sogar noch solche Bälle betrachten.

Bei den Kindern war ein Spiel sehr beliebt, dass ihr bestimmt aus dem Sportunterricht kennt. Es gab eine Art Bockspringen. Die Regeln besagten, dass sich zwei Kinder auf den Boden setzten und an den Händen halten mussten. Die anderen Kinder mussten nacheinander über die Hände springen. Nach und nach wurden die Hände dann immer höher gehalten, bis nur noch die besten darüber springen konnten. Der letzte war dann der Gewinner. Sie spielten also Bockspringen und Hochsprung in einem.

Und auch für faulere Ägypter gab es tolle Freizeitbeschäftigungen, die wir noch heute lieben. Die Ägypter waren schon damals große Fans von Brettspielen.

Wie so oft wissen wir so viel über die Spiele der Ägypter, weil sie auch diesen Aspekt ihres Lebens auf Wandbemalungen festgehalten haben. Außerdem finden sich in 2500 Jahre alten

Inschriften bereits Hinweise auf die verschiedenen Ballsportarten.

WIE GESUND WAREN DIE ÄGYPTER?

Bei so viel sportlicher Betätigung könnte man nun meinen, dass die Menschen damals alle topfit gewesen sein müssten. Falsch gedacht! Grund dafür waren vor allem Parasiten und andere kleine Quälgeister wie Mücken – und wie so oft der Nil.

Sobald die Überschwemmung des Nils eintrat und der Schlamm die Äcker bedeckte, bereitete die Natur die Böden für eine fruchtbare Ernte vor – die dann aber erst in einigen Monaten reif war. Solange die Überschwemmungen andauerten, konnten die Menschen kein frisches Gemüse, Obst oder Getreide ernten. Die Vorräte, die sie gelagert hatten, waren oftmals schon knapp und außerdem verdorben, da es so heiß war und es natürlich noch keine Kühlschränke und Gefriertruhen gab. Auf den Teller kam also nur, was gerade übrig war. Und das war meistens zu wenig, oft schon schimmelig von der Feuchtigkeit oder bereits verdorben. Außerdem tranken die Ägypter das Wasser des Nils, das nicht besonders sauber war. In dem Wasser wimmelte es nur so von Bakterien. Als Folge litten die Ägypter sehr oft an Magenkrankheiten und Durchfall.

Fast noch schlimmer waren die Parasiten. Du weißt nicht, was das ist? Als Parasiten bezeichnet man kleine Würmer, die sich im Körper eines Menschen einnisten. Es gibt verschiedene Parasiten wie Bandwürmer, Spulwürmer oder Leberegel. Diese Parasiten fühlten sich im Wasser des Nils pudelwohl – und zogen schnell in den Körper eines Menschen um, wenn dieser im Wasser badete. Dort nisteten sich die Parasiten dann ein und quälten den Menschen von innen heraus.

Als Forscher Mumien auch auf Krankheiten untersuchten, stellten sie fest, dass die Menschen damals schon viele Krankheiten hatten, die es heute noch gibt. Sehr verbreitet war schon damals Diabetes oder Tuberkulose. Viele Menschen starben damals daran, weil die Medizin noch nicht so fortgeschritten war. Vor allem ärmere Menschen hatten außerdem Rückenprobleme und Knochenkrankheiten, da ihre körperliche Arbeit sehr hart war und sie oftmals schwere Gegenstände schleppen mussten.

ZAUBER ODER HEILKUNST?

Die Ärzte im alten Ägypten waren aber besser, als die Erklärungen im letzten Kapitel vermuten lassen würden. Im Vergleich zu anderen Völkern war ihre Medizin relativ fortgeschritten. Über die Grenzen hinaus wurde von dem Können der ägyptischen Ärzte berichtet.

Damals waren sie schon in der Lage, wie ein Physiotherapeut heute, ausgerenkte Gelenke wieder einzurenken. Bei Knochenbrüchen führte man zwar noch keine Operationen durch, aber auch hier wussten die Ärzte schon recht gut, wie sie Arme und Beine schienen mussten, damit die Knochen möglichst gerade zusammenwachsen konnten.

Allerdings wussten die Ägypter noch nicht so viel über den Körperbau oder die Funktionen der inneren Organe. Das lag auch daran, dass die Körper heilig gewesen sind und möglichst unversehrt ins Totenreich eingehen sollten. So hat man die Körper zwar mumifiziert, aber nicht unbedingt richtig untersucht, um den Lebenden besser helfen zu können. Wunden wurden genäht und auch die Zähne, die aufgrund der Steine in den Broten oft so schlecht waren, konnten sie behandeln.

Es gab auch schon Medikamente. Die Ärzte stellten je nach Krankheitsbild verschiedene Salben, Tropen und Tinkturen her, die den Kranken schnell helfen sollten, wieder gesund zu werden. Es gab sogar schon kleine Tabletten.

Außerdem entwickelten sich viele Ärzte zu richtigen Spezialisten und behandelten ausschließlich bestimmte Krankheitsbilder. Sie genossen einen so guten Ruf, dass Menschen aus verschiedenen Ländern und Kulturen anreisten, um sich von einem ägyptischen Arzt behandeln zu lassen.

Die Medizin damals war allerdings alles andere als reiner Humbug und schlechte Zauberei, wie manche Leute manchmal behaupten. So ganz verkehrt ist diese Meinung aber auch nicht: Ein bisschen Zauberei als Unterstützung zu einer ärztlichen Behandlung konnte nicht schaden – fanden zumindest die alten Ägypter. Sie besuchten nicht nur einen Arzt, sondern auch einen Priester oder Zauberer. Deswegen waren die meisten Priester auch Ärzte und andersherum.

DIE SCHRIFT DER ALTEN ÄGYPTER

Da die Verwaltung Ägyptens schön kompliziert war, mussten die Beamten sich gut organisieren und genau festhalten, was im Land vor sich ging. Deswegen entwickelten sie eine Schrift, um alles genau zu datieren: Wie viel Getreide geerntet wurde und wie viele Vorräte vorhanden waren, welche Gesetzte es gab, wie der Bau der Pyramiden voranschritt und viele Daten, die in der Geschichte Ägyptens wichtig waren. Die Schrift war eine besondere und es hat lange gedauert, bis man diese Hieroglyphen entziffern konnten.

Wie sahen Hieroglyphen aus?

Ursprünglich waren die Hieroglyphen kein System aus Buchstaben, wie wir sie heute kennen, sondern eine reine Bildschrift. Das heißt, dass ein Zeichen nicht die Bedeutung eines einzelnen Buchstaben hatte, sondern oftmals mehrere Silben, Morphene oder Laute bedeuten konnte. Die ersten Zeichen wurden ungefähr 3 000 v. Chr. entwickelt. Damals gab es etwa 700 verschiedene Bildzeichen aus kleinen Zeichnungen und Symbolen. Es dauerte aber nicht lange, bis sich die Schrift zu einer Art Schreibschrift weiterentwickelte und auch die Zahl der Zeichen wurde kontinuierlich erweitert. Am Ende des alten Ägyptens, als die griechisch-römische Zeit schon begonnen hatte, gab es über 7.000 Hieroglyphen. Die Schreiber mussten also viel, viel mehr Zeichen beherrschen als wir heute mit unserem Alphabet, das aus 26 Buchstaben besteht.

Der Begriff „Hieroglyphen" selbst stammt aus dem Griechischen. Übersetzt bedeutet es „heilige Schriftzeichen" oder „heilige Vertiefungen". Der Name kommt daher, dass die Hieroglyphen zu

Beginn vor allem in einem kultischen und religiösen Kontext verwendet wurden.

Die Zeichen selbst sind wunderschön anzuschauen. Wenn du genau hinsiehst, wirst du verschiedene Tiere wie Schlangen, Geier, Löwen, Gänse und Eulen entdecken. Auch viele Menschen in verschiedenen Positionen und Gesten kommen vor. Verschiedene Formen symbolisieren Gegenstände oder die Natur. Eine Zickzack-Linie bedeutet zum Beispiel „Wasser". Allerdings wissen wir bis heute nicht, was alle Hieroglyphen für eine Bedeutung hatten. Manche Rätsel werden wohl immer ungelöst bleiben ...

Worauf schrieben die Ägypter?

Zu Beginn ritzte man die Zeichen in Steinplatten. Da dies aber sehr aufwendig und anstrengend war, erfanden die Ägypter später das Schreibpapier, das allerdings sehr kostbar war. Hergestellt wurde es aus der Papyruspflanze, die am Ufer des Nils wuchs. Schon wieder prägte der Nil die ägyptische Gesellschaft! Längere Schriftstücke wurden auf verschiedene Papyri geschrieben und dann zusammengeklebt und aufgerollt. Die Ägypter hatten also keine Bücher, sondern Schriftrollen.

Woher kennen wir die Bedeutung der Hieroglyphen?

Nach dem Ende des alten Ägypten wurden die Schriftzeichen nicht mehr verwendet und ihre Bedeutung geriet über viele Jahrhunderte in Vergessenheit. Man entdeckte zwar immer wieder Überreste, auf denen Hieroglyphen zu sehen waren, aber niemand konnte sie übersetzen, bis im 18. Jahrhundert eine bedeutende Entdeckung gemacht wurde: der Stein von Rosette. Im Jahre 1799 wurde die französische Armee unter Napoleon nach Ägypten geschickt. Dort kamen sie an der Stadt Rosette vorbei und ein französischer Offizier stieß auf diesen Stein, in den eine lange Inschrift aus Hieroglyphen gemeißelt worden war. Bei genauem Hinsehen fiel ihm jedoch auf, dass es nicht nur ägyptische Schriftzeichen waren; es gab auch Worte in Altgriechisch und Demotisch.

Auf diesem Stein waren ein und dieselben Gesetze in drei verschiedenen Sprachen zu lesen. Es ging

darin um die Pflichten ägyptischer Priestern ge-
genüber dem Pharao. Da Ägypten damals aber
schon von griechischen Königen regiert wurde,
musste das Gesetz in verschiedenen Sprachen ver-
öffentlicht werden.

Es dauerte trotzdem noch einige Jahre, bis die
Sprachwissenschaftler die Übersetzungen entziffern konnten. Gut, dass es Genies wie Jean
François Champollion gab. Dieser konnte schon
als Kind acht verschiedene alte Sprachen verstehen. Er war derjenige, der es schließlich schaffte,
die Bedeutung der einzelnen Hieroglyphen mit-
hilfe der anderen beiden Übersetzungen zu entziffern. Ganze 15 Jahre lang arbeitete er an einer
Liste mit Hieroglyphen und ihren Bedeutungen.
Ohne ihn würden wir die Sprache vielleicht bis
heute nicht verstehen und viele Informationen,
die wir bisher gelernt haben, wären immer noch
nicht bekannt. Was für ein Glück!

Götter und Totenkult

Pyramiden, Tempel, Mumien, Totenmasken ... die meisten Überreste, die uns bis heute am meisten faszinieren, haben mit der Religion und dem Totenkult, der ein sehr wichtiger Teil davon war, zu tun. Aber weißt du überhaupt, mit welchen Überzeugungen dieser Kult tatsächlich verbunden war und was die Ägypter glaubten?

WELCHE GÖTTER HATTEN DIE ÄGYPTER?

Für die Ägypter hatte alles, was in ihrem Leben und in der Natur geschah, einen gemeinsamen Ursprung: Es war das Werk der Götter. Kein Wunder also, dass die Ägypter sehr gläubig waren und sich ihr ganzes Leben nach der Verehrung dieser Götter richtete.

Der Glaube war anders als die großen Weltreligionen, denen die meisten Menschen heutzutage angehören. Es gab eine Vielzahl an göttlichen Wesen, weshalb man diese Religion als polytheistisch bezeichnet. (Im Gegensatz dazu gibt es auch monotheistische Religionen wie das Christentum, bei denen nur ein Gott existiert.) Diese Götter herrschten über die Erde, den Himmel und die Unterwelt, in der die Verstorbenen weiterlebten.

Vieles war auch viel greifbarer: Die Ägypter bauten Tempel nicht nur, um einen Ort zur Verehrung der Götter zu schaffen, sondern sie waren sich sicher, dass diese auch wirklich als Wohnung für die Götter dienten, wenn diese einmal auf die

Erde kommen wollten. Die Tempel wurden mit Statuen der Götter geschmückt. Oft wurden die Götter durch Tiere verkörpert, die in vielen Darstellungen auch in Menschengestalt abgebildet wurden. Aber nicht jeder durfte die Statuen begutachten. Die Priester waren die einzigen, die sie sehen durften.

Wie gesagt, gab es eine Vielzahl an Göttern. Zum Teil hatten eigene Regionen in Ägypten zusätzlich noch eigene Gottheiten. Hier gibt es eine kleine Übersicht über die wichtigsten:

• Re – der Sonnengott
Eine besondere Rolle spiele der Sonnengott Amun-Re, der mit einem Falkenkopf und einer Sonnenscheibe dargestellt wurde. Er brachte Licht und Wärme und war deshalb der wichtigste Gott. Später wurde er sogar zum Hauptgott. Außerdem war er der Schöpfer der Welt. Von ihm ging die Ordnung der Welt aus. Auch dafür gab es eine eigene Göttin: seine Tochter Maat, was „Gerechtigkeit" und „Wahrheit" bedeutete.

- Osiris – Gott des Jenseits

Dieser Gott war besonders wichtig für die Verstorbenen, denn er war der Gott des Jenseits und richtete im Totengericht über die Verstorbenen. Auf den Darstellungen sieht er meistens einem Pharao ähnlich: Auch Osiris trug einen Krummstab, eine Geißel und eine Krone.

- Isis – die Göttin der Geburt und Wiedergeburt

Isis war die Frau von Osiris und die Schutzgöttin für alle Mütter. Sie wurde bis über die Grenzen Ägyptens hinaus verehrt. Dargestellt wurde sie meist wie eine menschliche Frau, die auf dem Kopf einen Thron hatte. Manchmal nahm sie auch die Gestalt von Tieren an. Dabei konnte es sich um Vögel, Rinder, Gazellen und andere Arten handeln.

- Horus – der Schutzgott des Pharaos

Die Sagen erzählten, dass Horus der Sohn von Isis und Osiris war. Er wurde als Falke dargestellt und trug die doppelte Königskrone. Horus war der Schutzgott des Pharaos, vermutlich sah er ihm deshalb so ähnlich. Erinnerst du dich, dass Pharaonen nicht nur Könige, sondern auch Götter waren? Der Pharao wurde als "lebendiger Horus" verehrt.

• Bastet – zwei Wesen in einer Göttin
Auch Bastet, die Katzengöttin, war eine Tochter des Sonnengottes Re. Abgebildet wurde sie entweder als Frau mit Tierkopf oder aber als ganzes Tier dargestellt. Bastet hatte eine Vielzahl an Schützlingen und Aufgaben: Sie war die Göttin der Fruchtbarkeit und der Liebe, außerdem die Beschützerin der Schwangeren. Auch war sie Göttin der Freude, des Tanzes, der Musik und der Feste. Der Sage nach war sie anfangs eine Göttin, die sowohl sanft als auch wütend sein konnte. Ursprünglich besaß sie sowohl zornige als auch sanfte Eigenschaften. Irgendwann wurde ihre zornige Seite abgelöst und an die Göttin Sachmet abgegeben. Sachmet war von da an die zerstörerische Seite von Bastet.

DER MYTHOS DES
TOTENGERICHTS

Die Ägypter glaubten an das Weiterleben nach dem Tod in der Unterwelt. Bevor man diese betreten durfte, musste man sich jedoch erst vor dem Totengericht für seine Taten verantworten. Die Ägypter stellten sich vor, dass der Tote in die sogenannte „Halle der Wahrheit" geführt wurde. Dort begrüßte er alle anwesenden Götter und musste eine Rede halten, in der er sich für seine Taten rechtfertigen musste. Außerdem unterzog Osiris, der den Vorsitz des Totengerichts hatte und dessen oberster Richter war, diese einem strengen Verhör.

Anschließend kam der Einsatz des Gottes Anubis. Dieser bediente eine große Waage, auf die das Herz des Verstorbenen gelegt wurde. Auf der anderen Seite der Waage lag eine Figur der Göttin der Wahrheit und des Rechts. Wenn die Waage im Gleichgewicht blieb, war alles in Ordnung. Der Verstorbene hatte die Prüfung bestanden und durfte die Unterwelt betreten. Wenn sich die

Waage aber zuungunsten des Toten neigte, wurde er von einem Ungeheuer, das einem Krokodil ähnelte, verschlungen und blieb für immer tot.

Da die Ägypter die Prüfung unbedingt bestehen und im Jenseits weiterleben wollten, bereiteten sie sich schon zu Lebzeiten auf das Gericht vor. Wer genug Geld hatte, ließ sich von einem Schreiber ein Totenbuch verfassen. In diesem waren viele Texte, die den Lebenslauf des Verstorbenen schilderten und vorbereitete Argumente, wie man die Götter von seiner Unschuld überzeugen konnte. Das Totenbuch war also einer der wichtigsten Gegenstände, die dem Verstorbenen mit ins Grab gegeben werden konnten.

Weitere wichtige Grabbeigaben waren der Skarabäus und kleine Uschebtis. Der Skarabäus war ein kleiner Käfer, der die Sonne symbolisierte und deshalb als Verkörperung des Sonnengotts Re verehrt wurde. Der Tote konnte während des Gerichts statt seines Herzens auch den Skarabäus auf die Waagschale legen. Der Skarabäus hatte eine Auflistung aller guten Taten des Toten. Die schlechten hingegen verschwieg er. Uschebtis, kleine Figuren aus Holz oder Stein, wurden wichtig, wenn der Tote das Jenseits erreicht hatte. Die Ägypter stellten sich das Jenseits nämlich so vor, dass man dort genauso wie im Diesseits weiterlebte. Die Uschebtis konnten dem Verstorbenen dann die Arbeit abnehmen.

MUMIEN UND WIE MAN SIE „HERSTELLTE"

Eine weitere Vorstellung über das Jenseits war, dass man mit seinem eigenen Körper dort weiterlebte. Deshalb durfte dieser auch nach dem Tod auf keinen Fall zerfallen. Dies erreichten die Ägypter durch eine besondere Methode: die Mumifizierung.

Die Mumifizierung eines toten Körpers benötigte etwa 70 Tage. Zuerst wurde die Leiche gründlich gereinigt. Die Ägypter stellten schnell fest, dass ein Körper nur haltbar gemacht werden konnte, wenn alle Organe entfernt wurden. Gehirn, Herz, Magen, Lunge – alles musste raus. Das klingt ein bisschen ekelig, aber ohne diesen

Prozess hätten Bakterien und Ungeziefer in kürzester Zeit den Körper vernichtet.

Der Verstorbene sollte aber mit seinem Körper im Jenseits weiterleben – dafür brauchte er auch seine Organe. Deshalb mumifizierte man diese nach der Entnahme ebenfalls und verstaute sie in sogenannten Kanopengefäßen, die mit dem Leichnam bestattet wurden. Die Gefäße sahen ganz lustig aus: Sie trugen die Köpfe der Götter, die für den Schutz der Organe zuständig waren. So konnte der Tote später alle Organe wiederfinden.

Anschließend wusch man den Toten und trocknete ihn mit Salz, da Natron das Wasser, das zur Verwesung beitrug, aus dem Körper herauszog. Außerdem rieb man den Körpern mit verschiedenen, sehr kostbaren Ölen ein. Welche Salben genau verwendet wurden, wissen wir heute leider nicht mehr. Abschließend wickelte man den Körper in viele Schichten von Tüchern. Fertig war die Mumie!

Man bettete sie in einen hölzernen Sarg und stattete den Toten mit möglichst vielen Grabbeilagen aus, die dem Toten das Leben im Jenseits erleichtern sollten. Dabei konnte es sich um Essen, Schmuck und Kleider, Waffen oder sogar Möbelstücke handeln.

Leider war so eine Mumifizierung sehr teuer und aufwendig, weshalb es sich nur die reichen Ägypter leisten konnten. Natürlich wollten auch die einfachen Menschen ins Jenseits. Deshalb bestattete man die Toten im trockenen Wüstensand. Die Hitze und die hohen Temperaturen bewirkten quasi eine „natürliche" Mumifizierung.

DAS GEHEIMNIS DER PYRAMIDEN

Für bedeutende Menschen wie einen Pharao konnte ein Grab natürlich gar nicht prachtvoll genug sein. Und hier kommen die Pyramiden ins Spiel. Lange rätselten Forscher, warum diese großartigen Bauten errichtet worden waren. Man überlegte, ob sie vielleicht Kornspeicher waren, um die reichen Ernten aufzubewahren. Archäologen und Historiker fanden jedoch heraus, dass sie als Gräber erbaut worden waren. Pharaonen begannen meistens mit dem Bau, sobald sie an die

Macht kamen. So ein Bau dauerte nämlich mehrere Jahrzehnte.

Die Pyramiden sahen nicht immer gleich aus. Ihre Vorläufer waren die Mastabas, die wie kleinere, flachere Pyramiden aussehen. Die erste wurde von Pharao Djoser erbaut und liegt in Sakkara. Noch heute ist sie als berühmte Stufenpyramide bekannt. Später dann ließen Pharaonen sich zusammen mit ihren Familien in Felsengräbern im Tal der Könige bestatten.

Die größte Pyramide wurde von Pharao Cheops erbaut. Sie zählt zu den sieben Weltwundern der Antike und ist davon das einzige, das bis heute existiert. Die Grundfläche der Pyramide ist größer als sieben Fußballfelder. Mehrere Kirchen hätten darin Platz. Außerdem hatte sie einmal eine Höhe von 146,60 Metern, dann ist jedoch die Spitze abgebrochen und sie war fast 10 Meter niedriger. Trotzdem blieb sie jedoch bis in das 19. Jahrhundert das höchste Gebäude der Welt.

Viele Pyramiden sind im Lauf der Zeit geschrumpft. Sie waren nämlich mit Kalkstein verkleidet, der in Ägypten sehr selten und nur schwer zu bekommen ist. Als man in späteren Zeiten Steine brauchte, um andere Häuser zu bauen, benutzte man die Pyramiden einfach als Steinbruch. Heute geht das nicht mehr. Aber als man das mittelalterliche Kairo baute, wurden zum Beispiel einfach Steine der Chephren-Pyramide benutzt.

Exkurs: Wer ist die Sphinx?

Wo wir schon über die Pyramide des Chephren sprechen: Direkt davor befindet sich auch die berühmte Statue der Sphinx. Das ist die größte Skulptur, die in der Antike errichtet wurde. Vermutlich wurde auch sie von Chephren erbaut.

Die Sphinx hat einen Menschenkopf, aber die Gestalt eines Löwen und ist fast 60 Meter lang und 20 Meter hoch. Wen genau sie darstellt, ist unklar. Manche vermuten, es ist der Pharao selbst, andere sind überzeugt, dass es der Gott Re sein muss. Wer auch immer es ist, er hat eine klare Aufgabe: die Pyramide zu bewachen. Was für ein großer Wachhund!

Warum ging das Reich unter?

Trotz all der Entwicklungen, der Organisation, der eindrucksvollen Bauwerke und der kulturellen Errungenschaften währte das ägyptische Reich nicht ewig. Was war nur der Grund dafür, dass dieses mächtige Land unterging? Waren es Kriege oder Aufstände gegen die Pharaonen? Lange rätselte man darüber und bis heute gibt es verschiedene Theorien dazu.

Heute glaubt man, dass vor allem eine Klimakatastrophe schuld daran war. Durch Erderwärmung gab es über mehrere Jahre keine guten Ernten, die der Ursprung von Ägyptens Wohlstand gewesen waren. Die Lage muss beängstigend gewesen sein. Im ganzen Land gab es Sandstürme, sodass der ganze Himmel mitten am Tage dunkel wurde, die Temperaturen stiegen um bis zu 20 Grad Celsius und die jährlichen Überschwemmungen des Nils, auf die man sich über Jahrhunderte verlassen hatte, setzten einfach aus. Die Böden trockneten aus und wurden unfruchtbar. Immer mehr Menschen mussten Hunger leiden, es gab nicht mehr genug zu trinken und im ganzen Land herrschten Armut und Verzweiflung, die zu Plünderungen und Chaos führten.

In diesen Wirren konnte sich kein Pharao länger als einige Jahre an der Macht halten. Das ganze Staatssystem brach aufgrund der Hitze zusammen. Letztendlich zerfiel das große Reich und die große ägyptische Zivilisation war zu Ende.

Woher weiß man heute so viel über das alte Ägypten?

Nach dem Untergang des Reiches geriet die ägyptische Kultur erst einmal in Vergessenheit. Neue Reiche wie das der Griechen oder der Römer folgten. Die griechischen und römischen Gelehrten berichteten nur wenig über Ägypten und das Wissen verlor sich über die Jahrhunderte.

Erst um 1800 kam ein neues Interesse in Europa an Ägypten auf, als Frankreich gegen Großbritannien kämpfte und im Zuge dieses Krieges auch französische Soldaten nach Ägypten geschickt wurden. Dort war man beeindruckt von den vielen mysteriösen Überresten und der fremden Kultur. Auch Wissenschaftler reisten nach Ägypten, um das Land zu erforschen, und schrieben das Buch „Beschreibung Ägyptens". Als dann auch die Hieroglyphen entziffert werden konnten, brach ein richtiger Hype um das alte Ägypten aus.

Immer wieder gab es aufregende Entdeckungen und viele Wissenschaftler reisten nach Ägypten. Vor allem die Pyramiden sorgten für eine große Anziehung. Als das Grab von Tutenchamun zu Beginn des 20. Jahrhunderts entdeckt wurde, fieberte ganze Europa mit. Man gruselte sich und erzählte Geschichten von einem Fluch und lebendigen Mumien.

Immer wieder werden Filme über das alte Ägypten gedreht. Sogar die Modeindustrie holt sich immer wieder Vorbilder. Manche Frauen tragen zum Beispiel Sandalen, die ein bisschen so aussehen wie die goldenen der Pharaonen. Und falls du noch mehr über Ägypten lernen willst, gibt es überall auf der Welt Museen, die Fundstücke ausstellen. Frag doch einmal deine Eltern, ob es in eurer Nähe eines gibt, dass ihr besuchen könntet.

Über das alte Ägypten gibt es immer wieder etwas Neues zu entdecken.

Herstellung und Verlag:

BoD – Books on Demand, Norderstedt

ISBN: 9783756814459

1. Auflage

Kontakt: Psiana eCom UG/ Berumer Str. 44/ 26844 Jemgum

Covergestaltung: Fenna Larsson

Coverfoto: depositphotos.com